PARAMAHANSA YOGANANDA
(1893 – 1952)

Crise mondiale

de
Paramahansa Yogananda

Collection « Art de vivre »
No. 1571

Titre original de l'ouvrage en anglais publié par la
Self-Realization Fellowship,
Los Angeles, Californie, U.S.A.:
World Crisis

ISBN : 978-0-87612-375-1

Traduit en français par la Self-Realization Fellowship

Copyright © 2025 Self-Realization Fellowship

Tous droits réservés. À l'exception de brèves citations dans des revues littéraires, aucun passage de l'ouvrage *Crise mondiale (World Crisis)* ne peut être reproduit, archivé, transmis ou affiché sous quelque forme ni par quelque procédé que ce soit (électronique, mécanique ou autre) connu ou à venir (y compris la photocopie, l'enregistrement et tout système d'archivage et de consultation de l'information) sans l'autorisation écrite préalable de la Self-Realization Fellowship, 3880 San Rafael Avenue, Los Angeles, CA 90065-3219, U.S.A.

 Édition autorisée par le Conseil des Publications internationales de la Self-Realization Fellowship

Le nom «Self-Realization Fellowship» et l'emblème ci-dessus apparaissent sur tous les livres, enregistrements et autres publications de la SRF, garantissant aux lecteurs qu'une œuvre provient bien de l'organisation à but non lucratif établie par Paramahansa Yogananda et rend fidèlement son enseignement.

Première édition en français, 2025
First edition in French, 2025
Impression 2025
This printing 2025

ISBN : 978-1-68568-253-8

1571-J8802

— ✦ —

Il y a une Puissance qui éclairera votre chemin conduisant à la santé, au bonheur, à la paix et au succès, si seulement vous voulez bien vous tourner vers cette Lumière.

— Paramahansa Yogananda

— ✦ —

Crise mondiale
de Paramahansa Yogananda

*Discours tenu le 19 mai 1940
à Encinitas, Californie*

L'analyse que je vais vous présenter aujourd'hui est fondée sur le bon sens et l'expérience. Votre bon sens est tout simplement la réaction intuitive à votre milieu. Si vous développiez davantage votre bon sens qui est intuition, vous trouveriez les solutions à tous vos problèmes.

Il ne s'agit pas ici d'un propos de nature politique. Mon domaine est la spiritualité. Je vivrai et j'agirai toujours dans ce champ. Et c'est aussi dans le domaine de l'Esprit que je mourrai. Je ne m'exprime qu'à partir de ce niveau de conscience. Quand j'étais jeune, en Inde, j'avais l'habitude de fréquenter des gens appartenant aux deux grands partis politiques, mais je ne me suis rallié ni à l'un ni à l'autre. J'appréciais leurs points de vue respectifs, mais je voyais que je serais en mesure de faire davantage de bien par des moyens spirituels, car seule la puissance spirituelle peut réformer véritablement le monde. Mes conférences n'ont de valeur que si elles ont pour effet indéniable de façonner spirituellement les existences humaines. Plus tard, lorsque j'aurai quitté cette Terre, vous vous rendrez compte de tout ce que j'ai tenté de faire pour vous. Si vous suivez les conseils constructifs que je vais vous donner aujourd'hui, il viendra un jour où vous en serez très reconnaissants.

J'aurais pensé que l'Amérique, étant donné ses qualités, échapperait aux calamités frappant les autres nations. Mais une grande crise va survenir, une crise comme il n'y en a jamais eu auparavant dans ce pays, du fait que la tendance actuelle est aux dépenses avec une fiscalité qui s'alourdit de plus en plus. Que ferez-vous quand cette fausse prospérité s'écroulera ? Il y aura des millions de chômeurs. La plupart des gens vivent aujourd'hui dans une douce euphorie, inconscients du danger imminent qui les menace.

Or, une révolution mondiale est en marche. Elle transformera le système financier. Dans le firmament karmique de l'Amérique, je vois néanmoins un beau signe : malgré tout ce que le monde devra traverser, elle s'en tirera mieux que la plupart des autres pays. Cependant, l'Amérique va devoir endurer la misère à grande échelle, bon nombre de tourments et tout autant de changements. Vous êtes habitués à vivre dans une certaine opulence et quand vous serez obligés de vivre plus simplement, vous allez déchanter. Ce n'est pas facile de devenir pauvre après avoir été riche. Vous n'avez pas idée à quel point ce changement vous affectera des années durant. Jamais, au cours de l'histoire de ce pays, on n'aura vu de telles différences de niveaux de vie : l'écart entre les riches et les pauvres se creusera considérablement.

Développement des échanges monétaires

Songez un peu comment l'homme primitif parvint à assurer sa sécurité. Il vivait alors en communauté restreinte sur un lopin de terre. L'homme réussit à survivre grâce à son esprit et à ses muscles. Il vivait de la chasse et de la cueillette de denrées comestibles. Progressivement, la communauté s'accrut et commença à se séparer en différents clans. Les plus puissants s'approprièrent la plupart des sources d'alimentation ainsi que les meilleures terres. C'est alors que les disputes et les bagarres débutèrent. La force devint le droit. Ce fut une erreur. Quand les hommes comprirent que la destruction des vies et des biens affectait également leurs approvisionnements en nourriture, ils commencèrent à faire du troc et à commercer : l'un avait de la viande et l'autre des céréales à échanger. Toutefois, le simple échange de biens était souvent malaisé et ne satisfaisait pas toujours les deux côtés. Vint alors le système monétaire. Les coquillages furent d'abord utilisés comme moyen d'échange. Par la suite, les encombrantes coquilles furent remplacées par du métal façonné en pièces de monnaie.

Tout objet utilitaire se prêtant à un échange devait comporter une certaine valeur. Un des métaux utilisés fut le fer, mais il était trop bon marché et trop lourd. On essaya également le cuivre, puis l'argent et finalement l'or. Ces métaux furent choisis en raison de leurs qualités inhérentes et de leur relative rareté qui leur conféraient une valeur. Ils étaient tenus en estime non seulement pour leur utilisation dans la fabrication de monnaies, d'ustensiles et d'ornements, mais aussi pour leurs vertus thérapeutiques.

L'or, par exemple, purifie le sang et le fer l'enrichit. Peu importe si le cours de l'or est à la hausse ou à la baisse, nul ne pourra dénier à l'or sa valeur intrinsèque. Il a toujours été thésaurisé par-dessus tout en raison de sa rareté, de sa beauté et aussi parce qu'il ne se ternit pas. Pour toutes ces raisons, il a été largement utilisé dans la fabrication de bijoux. Mais la génération actuelle s'est lassée de l'or. Constamment à l'affût de nouveautés, elle a jeté son dévolu sur le platine dont la valeur dépasse maintenant celle de tout autre métal précieux, alors qu'il ressemble à l'argent !

Qu'est-il advenu aujourd'hui de l'or en tant que moyen d'échange ? Prenons l'exemple des États-Unis. Sous le régime de l'étalon-or, chaque billet de dix dollars requiert une équivalence en or de même valeur, déposée au Trésor américain. En 1934, la quantité d'or était devenue insuffisante pour garantir la totalité des billets de banque en circulation. L'Amérique était en crise. La convertibilité du dollar en or dut être suspendue. On s'aperçut qu'en revanche, l'argent métal était abondant dans le monde. Les États-Unis décidèrent donc d'émettre des certificats argent permettant à la monnaie papier d'être remboursable en argent. Mais, étant donné le surcroît de dépenses causées par l'effort de guerre et d'armement, le pays ne sera pas en mesure non plus de maintenir des réserves d'argent métal suffisantes pour couvrir la totalité de ses billets de banque en circulation.

Que se passerait-il si les États-Unis sortaient complètement du système de l'étalon or et argent et se bornait à imprimer des lettres de crédit? Nous reviendrions à un système de troc par le biais de certificats émis par l'État. Toutefois, ceux-ci ne seraient pas acceptables en matière de commerce avec le reste du monde.

J'ai appris qu'il existait des associations spécialisées en échanges, dans lesquelles chaque membre exécute un travail et reçoit en retour un crédit d'un certain montant. On ne paie plus avec de l'argent, mais avec des crédits. Ainsi, un homme va chez le docteur et s'acquitte de la consultation non pas avec de l'argent, mais avec son équivalent en crédits. Le médecin se rend ensuite au siège de l'association et échange ses crédits contre une prestation de service consistant, par exemple, à faire repeindre sa maison. La personne dont je tiens cela m'a assuré que ce système fonctionnait. Notez que je n'en fais pas la promotion, je vous en présente simplement l'idée.

La loi naturelle de l'argent et du travail

L'argent est la rétribution du travail de quelqu'un. Ceux qui se contentent de répéter une affirmation comme «Je m'enrichis chaque jour davantage dans tous les domaines» risquent de ne pas la voir confirmée par les faits. Car la pensée positive doit être concrétisée par le travail. Vous n'obtiendrez rien en restant assis à répéter que tout ce dont vous avez besoin viendra à vous. Vous devez utiliser votre cerveau, qui vous a été donné par Dieu, si vous voulez réussir. Aux États-Unis, l'homme d'affaires qui cherche à devenir prospère doit travailler très dur. En Europe, les hommes d'affaires disposent de quelques heures de répit durant l'après-midi. Il n'en va pas de même pour l'Américain qui sait qu'il doit affronter une âpre concurrence et que s'il ne s'attelle pas à sa tâche avec plus d'acharnement que son rival, il sera laissé pour compte. C'est extrêmement usant du fait que le système nerveux humain ne peut résister à plus de cinq heures de travail intensif d'affilée.

Tout le monde veut de l'argent, mais la plupart des gens préféreraient ne pas avoir à travailler pour en recevoir. L'homme espère toujours obtenir quelque chose pour rien. Or, chacun devrait être prêt à déployer des efforts pour ce qu'il reçoit. À moins que tous les hommes ne travaillent et soient à même d'apprécier la valeur d'un travail honnête, il y aura de continuelles injustices dans la distribution des richesses de ce monde. Le labeur profite à tous. Les gens riches qui sont paresseux (les oisifs fortunés) se soucient de moins en moins des autres et deviennent insensibles aux difficultés de ceux qui doivent lutter pour survivre. Ils deviennent durs et peu compatissants. L'égoïsme est parfois la malédiction de la richesse. Mais même si l'ambition de gagner de l'argent contient en soi ce potentiel de cupidité et d'égoïsme, elle peut aussi prendre la forme d'un noble élan en faveur du développement personnel. Le degré de développement auquel on peut prétendre est directement fonction des services que l'on rend aux autres et au monde par suite de son propre succès. Les hommes fortunés qui ont librement aidé leurs semblables dans le besoin ont correctement utilisé leurs richesses.

L'intelligence et le travail doivent évoluer en harmonie

Dans une civilisation qui se veut compétitive, les cerveaux doivent évoluer en même temps que le travail. Les mains et les pieds, l'esprit et l'estomac, tous sont nécessaires au bon fonctionnement de l'organisme humain. Les mains et les pieds sont les travailleurs tandis que le cerveau est le directeur. Leur coopération mutuelle maintient le corps en état. De manière similaire, le capital et le travail (soit les cadres pour le cerveau et les mains pour les ouvriers) ont fait de ce pays ce qu'il est aujourd'hui. Les deux étant indispensables, ils devraient s'efforcer de travailler ensemble dans l'harmonie.

C'est à l'œuvre que l'on reconnaît l'artisan. Ce pays est plus prospère que tout autre pays au monde. Si vous preniez la peine de comparer vos pauvres avec ceux du reste de la planète, vous remercieriez votre bonne étoile de vous avoir fait naître ici. Le revenu moyen des ouvriers en Inde est de 3$ par mois ! Vous imaginez-vous vivre avec cela ? Beaucoup de gens là-bas ne mangent que du riz avec un peu de sel, c'est tout. Les travailleurs américains jouissent d'un niveau de vie plus élevé que ceux d'Angleterre, d'Allemagne ou de tout autre contrée du monde que j'ai visitée. Vous êtes le peuple le plus riche du globe ;

vos ouvriers sont mieux payés qu'aucun autre groupe de travailleurs où que ce soit.

Et malgré cela, les ouvriers sont en lutte contre les capitalistes et leur disent: «Donnez-nous plus d'argent», sur quoi ceux-ci rétorquent: «Nous voudrions bien vous en donner plus, mais où en trouver?» Sur chaque dollar gagné, les patrons versent soixante-quinze cents d'impôts au fisc. Comment pourraient-ils leur donner davantage? Le monde du capital et celui du travail vont constater, chacun de leur côté, qu'ils n'ont plus d'argent et que l'État ne peut pas leur en fournir. Que va-t-il se passer alors? Des entreprises vont être reprises par l'État pour les soustraire à la faillite. Vous pouvez encore éviter cela. Vous avez élu une administration pour vous aider et non pour vous dominer. L'État devrait montrer aux gens comment gagner de l'argent et laisser plus d'autonomie aux entreprises afin qu'elles puissent créer de la richesse et de l'emploi.

La sagesse devrait présider
à la formation des gouvernements

Pour atteindre cet objectif, il faudrait que la sagesse préside davantage lors de la formation d'un gouvernement. En effet, le système électoral des États-Unis comporte un sérieux défaut. La moitié du temps, les gens ne savent pas pourquoi ils ont voté comme ci comme ça. Le candidat qui parvient à être élu est en général celui qui a eu les moyens de dépenser de grosses sommes d'argent pour persuader le peuple qu'il est l'homme de la situation. Or, le système électoral devrait être fondé sur la valeur réelle du candidat et non sur ce qu'il dépense pour faire connaître son nom. Au niveau de la sélection des candidats aux plus hautes fonctions de l'État, les savants et les hommes d'État les plus éminents de ce pays devraient avoir une large place.

Aucun gouvernement n'est infaillible ; néanmoins, respectez le vôtre et coopérez avec lui. Je crois en la constance morale : il n'y a rien de plus abominable que quelqu'un qui accepte l'hospitalité d'une nation puis tente par la suite de détruire ce pays. Les gens traîtres n'osent pas faire part ouvertement de leurs opinions. Dans le mal commis sous l'emprise des sens, il y a la pulsion ; mais la trahison, elle, est volontaire, préméditée. Ainsi, quand les scribes et les pharisiens demandèrent à Jésus s'ils devaient suivre la loi de Moïse et lapider Marie-Madeleine pour adultère, il leur répondit : « Que celui d'entre vous qui est sans péché jette la première pierre contre elle[1]. » Quand ils entendirent cela, ils se détournèrent l'un après l'autre et s'en allèrent. Mais ce même Jésus qui demanda la grâce de Dieu même pour ceux qui le clouaient sur la croix[2], dit du traître Judas : « Malheur à l'homme par qui le Fils de l'homme est livré ! Mieux vaudrait pour cet homme qu'il ne fût pas né[3]. » Par là, Jésus indiqua clairement que celui qui se rend coupable

---

[1] Jean 8, 7.

[2] « Pardonne-leur, car ils ne savent pas ce qu'ils font » (Luc 23,34).

[3] Matthieu 26,24.

de trahison pèche encore plus gravement. Le péché délibéré de traîtrise est honni par le Seigneur.

«Je prie que l'Amérique ne perde jamais son universalité»

Il y a quelques années, lorsque j'ai traversé l'Europe pour me rendre en Inde, il m'est apparu que les gens du vieux continent considéraient les États-Unis avant tout comme un pays matérialiste où faire de l'argent et des profits serait la règle ou comme la patrie d'acteurs de cinéma et de gangsters tous millionnaires. Je leur ai dit que ce n'était pas vrai du tout pour la majorité des citoyens. J'ai pu constater que le peuple américain est travailleur et qu'il a du cœur. Ce qui est magnifique en Amérique, c'est que tout le monde y a sa chance; c'est le «creuset de toutes les nations». Je prie que l'Amérique ne perde jamais son universalité.

Vous qui aimez la liberté et qui avez répondu favorablement à l'injonction d'Abraham Lincoln («Le gouvernement du peuple, par le peuple et pour le peuple»), préservez bien cet idéal! J'espère que ce pays restera toujours l'un des grands pays de la démocratie où le peuple peut penser et exprimer librement ses opinions sans craindre l'emprisonnement ou les camps de concentration. Aux États-Unis, vous pouvez faire part de vos idées à votre gouvernement. Écrivez à vos représentants dans l'administration; expliquez-leur que vous êtes disposés à contribuer financièrement par vos impôts, mais que vous devez encore subvenir à vos besoins et posez-leur la question: si la charge fiscale s'accroît et que les prix montent alors que les salaires stagnent, comment êtes-vous censé y arriver ? Le gouvernement ne devrait pas deviser de nouvelles manières de taxer les citoyens, mais des moyens pour stimuler l'économie de telle sorte que les contribuables soient à même de payer leurs impôts tout en ayant encore de quoi vivre décemment.

Au lieu d'augmenter les impôts et de faire sentir à ses citoyens que, quoi qu'ils fassent, tous les horizons leur sont fermés, l'État devrait prendre des mesures d'encouragement à l'égard de ceux qui ont l'esprit d'entreprise, qui sont capables de stimuler la croissance économique et les avancées dans toutes sortes de directions, permettant ainsi la création d'emplois. C'est la libre entreprise qui a fait de ce pays la grande nation d'aujourd'hui.

L'insécurité, quant à elle, existe en raison des abus du système monétaire. Une loi spirituelle est bafouée lorsque des gens détiennent de l'argent et ne le font pas travailler en vue de créer des emplois ou pour contribuer d'autres façons au bien-être de leurs semblables. La déloyauté, la malhonnêteté, la cupidité, tout cela mène à un krach financier tel que l'effondrement du système monétaire en 1929. Quand les gens riches et égoïstes s'agrippent à leurs richesses en refusant d'accorder leur dû aux travailleurs, les troubles surviennent. C'est ce qui est arrivé. « L'ouvrier mérite son salaire », disent les Saintes Écritures[4]. Chacun

---

[4] Luc 10,7.

devrait travailler, les riches comme les pauvres, pour contribuer au bien-être général de la nation et de tous ceux qui en font partie. Ceux qui s'enrichissent grâce aux affaires ont le devoir de partager leur richesse. Or, je constate qu'ici, en Amérique, ils se montrent plus généreux que dans bien d'autres pays du monde en assistant certaines parties de la population qui sont dans le besoin. J'ai aussi toujours apprécié les hommes d'affaires indiens, parce qu'ils sont, en général, très sensibles aux besoins des gens.

Faites preuve d'un plus grand esprit de fraternité

Ce dont le monde a réellement besoin, c'est d'un esprit de fraternité plus puissant. Nous en avons un bon exemple de fonctionnement ici même, dans nos *ashrams*. Nous possédons un peu de terrain, nous partageons notre nourriture, nous disposons de soins médicaux. Nous travaillons tous afin de nous répartir les tâches et de nous servir mutuellement – et nous sommes heureux. Qu'arriverait-il si je me mettais à penser qu'en tant que président de l'association je mériterais de recevoir plus que les autres ? Une dispute s'ensuivrait aussitôt. En revanche, si nous continuons à suivre l'enseignement du Christ et des grands êtres, nous partagerons tout et ne garderons rien pour nous-mêmes. Tout ce que j'ai reçu, je l'ai rétrocédé à l'association pour être partagé. Je pense à vous tous et non à moi-même. Je suis fier de vivre selon la loi spirituelle. Je ne possède rien. Cependant, si j'avais faim, je sais que des milliers de par le monde me nourriraient, parce que j'ai donné à des milliers. Cette même loi déploiera ses effets pour tout homme qui ne pensera pas à lui-même comme étant celui qui va mourir de faim, mais à son prochain dans le besoin.

Il y a assez d'argent pour mettre à l'abri le monde entier et il y a assez à manger pour nourrir toute la planète, mais une distribution équitable est nécessaire. Si les hommes n'étaient pas si égoïstes, personne ne souffrirait de faim ou de misère. L'être humain devrait faire de la fraternité une priorité. Chacun devrait vivre pour tous, aimant les autres comme soi-même. Je suis sûr que si quelqu'un au Mont Washington[5] venait à manquer de nourriture, nous volerions tous à son secours. C'est cet esprit de partage qui doit être mis en œuvre par les peuples de toutes les nations.

C'est une atteinte à la dignité de l'homme que d'avoir des foyers de charité. Toute personne apte à travailler devrait bénéficier d'un emploi rémunérateur et non pas vivre d'aumônes dans l'oisiveté. Quant à permettre que les anciens et les infirmes soient objet de pitié et deviennent tributaires de la charité, ce n'est pas juste. Chaque citoyen, à son niveau, a contribué à faire de l'Amérique ce qu'elle est aujourd'hui.

En créant un système de prévoyance vieillesse, les États-Unis ont pris une mesure louable pour accroître la

---

[5] Le siège international de la Self-Realization Fellowship se situe au sommet du mont Washington, surplombant Los Angeles. (*Note de l'éditeur*)

sécurité des personnes âgées. Lorsque les gens touchent leur retraite sans dépendre de la charité publique, il s'agit d'un retour d'investissement pour ce qu'ils ont fait pour l'Amérique, arrivant au moment où ils en ont besoin. Il leur revient à juste titre. Toutefois, ils devraient pouvoir prendre leur retraite dès l'âge de cinquante-cinq ans et non à soixante-cinq ans. Après avoir passé les deux tiers de ses cinquante-cinq ans à travailler pour assurer sa vie de tous les jours et soutenir son pays, un citoyen devrait pouvoir goûter quelques années de repos avant de mourir, à savoir d'une période lui permettant de s'adonner à des réflexions profondes tout en jouissant de la vie. Tous les sages de l'Inde défendent cette opinion. Après cinquante-cinq ans, on devrait pouvoir se réjouir des bonnes choses de la vie (comme les arts, les sciences, la musique, l'histoire, la philosophie, la méditation) et des nombreuses merveilles de la nature que Dieu a mises ici-bas pour nous inspirer. La vie doit représenter quelque chose de plus que simplement travailler en vue de nourrir le corps, en étant confiné dans une usine ou un bureau durant huit heures par jour jusqu'à la mort.

Le monde entier se trouve au bord de la guerre[6]. Mais savez-vous où Dieu vous mène ? Même à l'heure actuelle, de nouvelles méthodes pour tuer, encore plus étudiées, sont mises au point. Et une fois que chacun sera finalement armé jusqu'aux dents, Dieu vous montrera que les

---

[6] La Seconde Guerre mondiale

armements ne mettent pas fin à la guerre. Si j'utilise une épée, mon frère va se servir d'une épée plus grande encore. Si je le menace d'un fusil, il va me menacer d'un autre fusil plus perfectionné encore. Les peuples se fatiguent de cette perpétuelle course aux armements. De tels principes ne peuvent jamais apporter la paix. Les pays engagés dans le conflit ne veulent pas parler de paix actuellement ; mais ils devront bien le faire un jour, quand ils auront perdu beaucoup de leur richesses et envoyé à la mort toutes leurs jeunes générations. Si l'on exigeait des politiciens qui alimentent la guerre qu'ils aillent au front pour combattre l'ennemi, ils ne seraient pas si prompts à la vouloir !

Menez une vie simple
avec un idéal élevé

Comment pourriez-vous faire face à la crise mondiale à venir ? La meilleure solution consiste à mener une vie simple tout en ayant un idéal élevé. À moins de procéder immédiatement à des changements radicaux dans vos habitudes de vie, vous allez être surpris et secoués ; vos conditions de vie vont changer d'une manière que vous ne pouvez même pas imaginer en ce moment. Vous pouvez encore vous nourrir et vous vêtir, et même disposer d'objets de luxe, ce qui n'est pas le cas de citoyens d'autres nations. Il vaut donc mieux vous habituer dès maintenant à une vie plus simple. Choisissez une résidence convenable, mais qui ne soit pas plus grande que ce dont vous avez vraiment besoin ; et située, si possible, dans une région où la fiscalité et le coût de la vie sont raisonnables. Confectionnez vos propres habits ; faites des conserves à partir de votre propre production. Cultivez un potager pour les légumes et, si c'est possible, élevez quelques poules pour avoir des œufs. Travaillez votre jardin vous-mêmes, sinon le salaire d'un jardinier vous coûtera trop cher. Vivez une vie simple et jouissez de ce que Dieu vous a donné, sans rechercher des plaisirs illusoires et dispendieux. La face cachée du Seigneur recèle beaucoup de choses capables de fasciner l'esprit humain. Utilisez votre temps libre pour lire des livres qui en valent la peine, méditez et goûtez le bonheur de vivre une vie sans complications. Est-ce que cela n'est pas mieux ? Une vie simple, moins de soucis et du temps pour rechercher Dieu, plutôt que de disposer d'une immense maison et de deux voitures avec des traites et une hypothèque dont vous n'arrivez pas à vous acquitter ? L'homme doit revenir à la terre ; ce temps finira bien par arriver. Si vous pensez que ce n'est pas le cas, vous devrez constater que vous étiez dans l'erreur. Mais quel que soit l'endroit où vous habitez et la nature de votre emploi, supprimez les objets de luxe et achetez vos vêtements au meilleur prix. Approvisionnez-vous de ce dont vous avez réellement besoin, cultivez les produits de votre jardin et mettez régulièrement de l'argent de côté pour plus de sécurité.

Tous les gens réfléchissent à la façon de dépenser leur argent, mais peu réfléchissent à la manière de le conserver.

Gardez-vous d'être dépensiers, car vous devrez apprendre à vous passer de beaucoup de choses. Les parents seraient bien inspirés de donner l'exemple en apprenant à toute la famille à économiser et à éviter le gaspillage.

Vous ne pouvez épargner qu'en apprenant à vous dominer. Prenez à cœur cet avertissement. Acceptez ce conseil qui est le meilleur que je puisse vous donner; suivez-le et vous éviterez bien des déboires. Ne faites pas de folies. Si vous dépensez de l'argent dans des objets de luxe, c'est vous qui ne serez pas épargnés. Payez comptant tout ce que vous achetez et si vous n'avez pas l'argent, n'achetez pas. N'empruntez pas: vous aurez du mal à payer le principal de la dette à cause du taux élevé des intérêts. Vous devez apprendre à économiser dans tous les domaines possibles. Pour autant, ne vous mettez pas dans la tête l'idée de pauvreté. Mais imposez-vous toute la discipline nécessaire pour pouvoir à la fois économiser et vous acquitter de vos factures. Personne d'autre ne va les payer à votre place. Maintenez vos actifs en liquide et en obligations d'État. Constituez-vous une épargne qui soit sous protection fédérale, comme les emprunts d'État ou les bons du Trésor américain. Ainsi, vous pourrez aider votre gouvernement tout en plaçant vos économies en sécurité.

Dieu est votre plus grande sécurité

Selon la tradition, en tant que *sannyasi*, je suis censé être exempt de toute responsabilité matérielle, être un moine passant son temps assis à méditer sur les berges du Gange. Mais ici, dans ce pays, j'ai dû travailler dur pour soutenir ma grande famille spirituelle ! Mon lot dans cette vie est de faire des sacrifices et de souffrir pour tous. Quiconque vient à moi avec la bonne disposition d'esprit, avec de la ferveur pour Dieu, ne sera plus jamais le même. Le Seigneur m'a montré comment briser les pensées illusoires secrètes qui enchaînent les âmes humaines. Quand je donne cette bénédiction, une force sort de moi[7]. Venez donc dans cet esprit et vous recevrez.

Par-dessus tout, je vous recommande d'être assidus dans votre recherche de Dieu par la méditation. La Self-Realization Fellowship[8] vous offre l'occasion d'étudier et de progresser spirituellement chez vous, à la maison. Devenez membres de la SRF. Lisez les vérités immortelles contenues dans les *Leçons*. Après avoir appris la partie théorique, vous comprendrez tout sur la métaphysique ; et si vous pratiquez ce formidable enseignement, vous prendrez le chemin pour devenir un maître. Ne tardez pas, car votre route est encore longue.

---

[7] « Et Jésus dit : quelqu'un m'a touché, car j'ai perçu qu'une force [la force vibratoire transformatrice de Dieu] est sortie de moi » (Luc 8,46).

[8] Littéralement : « Fraternité de la réalisation du Soi. » Paramahansa Yogananda expliqua que le nom *Self-Realization Fellowship* signifiait : « Communion avec Dieu à travers la prise de conscience du Soi et amitié avec tous ceux qui cherchent la Vérité. »

Je ne vous dis pas cela sous l'emprise de l'émotion, mais à travers la vibration de ma propre expérience[9]. Il est possible d'entrer en contact avec Dieu à tout moment et tous les jours ! Il est possible de se sentir inspiré par Sa présence à chaque instant, où que ce soit, si bien que chaque fois que vous penserez à Lui, Son inspiration sera là. Dans chaque belle expérience, vous verrez Dieu.

Juste en-dessous des ombres de cette vie se trouve Sa merveilleuse lumière. L'univers est un vaste temple de Sa présence. Si vous méditez, vous découvrirez partout des portes qui s'ouvrent sur Lui. Quand vous serez en communion avec Lui, tous les ravages du monde ne pourront vous ravir cette Joie et cette Paix.

---

[9] La vibration de la Vérité dont les grands maîtres font l'expérience en leur for intérieur grâce à la perception intuitive de l'âme. (*Note de l'éditeur*)

PARAMAHANSA YOGANANDA
(1893 – 1952)

«La vie de Paramahansa Yogananda est une parfaite expression de l'idéal de l'amour pour Dieu *et du dévouement à l'humanité… Bien qu'il ait passé la majeure partie de sa vie en dehors de l'Inde, son pays natal, il a sa place parmi nos plus grands saints. Son œuvre continue à grandir et à rayonner toujours davantage, attirant des pèlerins spirituels de tous les horizons sur le chemin de l'Esprit.*»

Extrait d'un hommage rendu par le gouvernement de l'Inde à Paramahansa Yogananda lors de l'émission d'un timbre commémoratif en son honneur.

Né en Inde le 5 janvier 1893, Paramahansa Yogananda consacra sa vie à aider les hommes de toutes les races et croyances à prendre conscience de la véritable beauté, noblesse et divinité de l'esprit humain et à déployer plus amplement ces qualités dans leur vie.

Après des études couronnées par un diplôme de l'Université de Calcutta en 1915, Sri Yogananda prononça solennellement ses vœux monastiques dans le vénérable Ordre des Swamis de l'Inde. Deux ans plus tard, il entreprit l'œuvre de sa vie en fondant une école d'art de vivre qui compte, de nos jours, vingt et un établissements d'éducation à travers l'Inde. Aux matières traditionnelles, ces écoles associent un entraînement au yoga et un enseignement des idéaux spirituels. En 1920, il fut invité à être le représentant de l'Inde au Congrès international des Religions libérales à Boston. Le discours qu'il tint à ce congrès fut accueilli avec enthousiasme, de même que les conférences qu'il donna par la suite sur la côte Est des États-Unis. En 1924, il entreprit une tournée de conférences sur tout le continent américain.

Pendant les trois décennies suivantes, Paramahansa Yogananda contribua de manière extensive à susciter un vif intérêt en Occident pour la sagesse spirituelle de l'Inde. Il établit à Los Angeles le siège international de la Self-Realization Fellowship, la société religieuse non sectaire qu'il avait fondée en 1920. Par ses écrits et ses grandes tournées de conférences ainsi que par la création de nombreux temples et centres de méditation de la Self-Realization Fellowship, il fit connaître à des centaines de milliers de personnes en quête de vérité la science ancestrale du yoga, sa philosophie et ses méthodes de méditation d'application universelle.

De nos jours, l'œuvre spirituelle et humanitaire commencée par Paramahansa Yogananda se poursuit sous la direction de Frère Chidananda, président de la Self-Realization Fellowship/ Yogoda Satsanga Society of India. C'est sous l'égide de cette organisation que sont publiés les écrits, discours et propos informels de Paramahansa Yogananda (dont la série complète des *Leçons de la Self-Realization Fellowship,* disponible par correspondance). L'organisation supervise également les temples, centres et retraites dans le monde entier ainsi que les communautés monastiques de l'Ordre de la Self-Realization et le Cercle de Prière mondial.

Dans un article sur la vie et l'œuvre de Sri Yogananda, le professeur Quincy Howe Jr., titulaire d'une chaire de langues anciennes au Scripps College, écrivit: « De l'Inde, Paramahansa Yogananda apporta à l'Occident non seulement la promesse pérenne que Dieu peut être réalisé, mais également une méthode pratique permettant aux aspirants spirituels de tous les horizons de progresser rapidement vers ce but. Compris d'abord en Occident sous ses aspects les plus abstraits et les plus élevés, l'héritage spirituel de l'Inde est désormais accessible en tant que pratique et expérience à tous ceux qui aspirent à connaître Dieu non pas dans l'au-delà, mais déjà ici-bas... Yogananda a mis à la portée de tous les voies de contemplation les plus élevées. »

COLLECTION « ART DE VIVRE »
GLOSSAIRE

ashram. Ermitage spirituel ; souvent un monastère.

Aum (Om). Le mot-racine sanscrit ou le son-germe symbolisant l'aspect du divin qui crée et maintient toutes choses ; la Vibration cosmique. L'*Aum* des Védas devint le mot sacré *Hum* des Tibétains, l'*Amin* des Musulmans et l'*Amen* des Égyptiens, des Grecs, des Romains, des juifs et des chrétiens. Les grandes religions du monde déclarent que toutes les choses créées ont leur origine dans l'énergie vibratoire cosmique *Aum* ou Amen, le Verbe, le Saint-Esprit. « Au commencement était le Verbe et le Verbe était avec Dieu, et le Verbe était Dieu. [...] Toutes choses ont été faites par lui [le Verbe ou l'*Aum*], et rien de ce qui a été fait n'a été fait sans lui » (Jean 1,1-3).

avatar. Du mot sanskrit *avatara,* « descente », désignant la descente du divin dans la chair. Celui qui atteint l'union avec l'Esprit et redescend ensuite sur Terre pour aider l'humanité s'appelle un avatar.

Bhagavad Gita. « Le Chant du Seigneur ». Fait partie du *Mahabharata,* épopée de l'Inde ancienne. Présenté sous forme de dialogue entre le Seigneur Krishna, un avatar (*voir ce terme*) et son disciple Arjuna, c'est un traité fondamental sur la science du Yoga et un recueil de préceptes intemporels pour le bonheur et le succès dans la vie quotidienne.

Bhagavan Krishna (Seigneur Krishna). Un avatar (*voir ce terme*) qui vivait en Inde bien des siècles avant l'ère chrétienne. Son enseignement sur le Yoga (*voir ce terme*) est exposé dans la Bhagavad Gita. Une des significations données pour le mot *Krishna* dans les textes sacrés hindous est « Esprit omniscient ».

Ainsi, *Krishna*, comme *Christ*, est un titre spirituel se rapportant à la grandeur divine de l'avatar et à son unité avec Dieu (Voir *Conscience christique*).

centre christique. Centre de la concentration et de la volonté, au niveau du point situé entre les sourcils; siège de la Conscience christique et de l'œil spirituel (*voir ce terme*).

Conscience christique. C'est la projection de la conscience de Dieu, immanente dans toute la création. Dans les Saintes Écritures chrétiennes, elle est appelée le «fils unique», l'unique pure réflexion de Dieu le Père dans la création; dans les textes sacrés hindous, on l'appelle *Kutastha Chaitanya*, l'Intelligence cosmique de l'Esprit, présent partout dans la création. C'est la conscience universelle, l'unité avec Dieu manifestée par Jésus, Krishna et d'autres avatars. Les grands saints et les yogis la connaissent comme étant l'état de *samadhi* (*voir ce terme*) dans la méditation, dans lequel leur conscience s'identifie avec l'intelligence contenue dans chaque particule de la création; ils perçoivent l'univers entier comme étant leur propre corps.

Conscience cosmique. L'Absolu; l'Esprit au-delà de la création. C'est également, dans la méditation, l'état de *samadhi*, de l'union avec Dieu à la fois au-delà de la création vibratoire et en elle.

guru. Enseignant spirituel. La *Guru Gita* (verset 17) décrit avec justesse le guru comme étant «celui qui dissipe l'obscurité» (de *gu*, «obscurité», et *ru*, «ce qui dissipe»). Bien que le mot *guru* soit souvent employé à tort comme désignant simplement tout enseignant ou instructeur, un véritable guru doit être illuminé par Dieu. C'est celui qui, en parvenant à la maîtrise de soi, a réalisé son identité avec l'Esprit omniprésent. Celui-là seul est exceptionnellement qualifié pour conduire les hommes en quête spirituelle sur leur parcours intérieur.

Le mot français se rapprochant le plus de *guru* est *Maître*. Les disciples de Paramahansa Yogananda utilisaient souvent ce terme comme marque de respect pour s'adresser à lui ou pour parler de lui.

karma. Effets des actions passées de cette vie ou des vies antérieures. La loi du karma est la loi de l'action et de la réaction, de la cause et de l'effet, l'action de semer et de récolter. Tout être humain, par ses pensées et ses actes, est l'artisan de sa propre destinée. Quelles que soient les énergies qu'il a lui-même mises en action, de façon sage ou imprudente, elles doivent retourner à leur point de départ, vers lui, tel un cercle se refermant inexorablement. Le karma d'un individu le suit d'une incarnation à l'autre, jusqu'à ce qu'il soit accompli ou spirituellement transcendé (Voir *réincarnation*).

Krishna. Voir *Bhagavan Krishna*.

Kriya Yoga. Science spirituelle sacrée qui prit son origine en Inde il y a des millénaires. C'est une forme de *Raja Yoga* (Yoga «royal» ou «complet») qui comporte certaines techniques avancées de méditation conduisant à l'expérience directe et personnelle de Dieu. Expliqué au chapitre 26 de l'*Autobiographie d'un Yogi*, le *Kriya Yoga* est enseigné dans les *Leçons de la Self-Realization Fellowship* aux élèves qui remplissent les conditions spirituelles requises.

maya. Le pouvoir illusoire inhérent à la structure de la création qui fait que Celui qui est Un apparaît comme étant multiple. *Maya* est le principe de la relativité, de l'inversion, du contraste, de la dualité, des états opposés; le «Satan» (lit. en hébreu «l'adversaire») des prophètes de l'Ancien Testament. Paramahansa Yogananda écrivit: «En sanskrit, le mot *maya* signifie le "mesureur"; c'est le pouvoir magique dans la création par lequel les limitations et les divisions paraissent présentes dans l'Incommensurable et Inséparable... Dans le plan et le jeu (*lila*) de Dieu, la seule fonction de Satan ou *maya* est d'essayer de détourner l'homme de l'esprit vers la matière, de la réalité vers l'irréalité... *Maya* est le voile du transitoire dans la Nature... le voile que tout homme doit déchirer pour pouvoir contempler le Créateur, l'Immutable immuable, la Réalité éternelle.»

monde astral. Le monde subtil de lumière et d'énergie situé derrière l'univers physique. Tout être, tout objet, toute vibration du plan matériel possède sa contrepartie astrale, car dans l'univers astral (les cieux) se trouve le schéma directeur de notre univers matériel. Une description du monde astral et du monde encore plus subtil des «idées», le monde causal ou idéel, se trouve au chapitre 43 de l'*Autobiographie d'un Yogi* de Paramahansa Yogananda.

œil spirituel. L'œil unique de l'intuition et de la perception spirituelle, situé entre les sourcils à l'endroit du centre christique (*voir ce terme*) ou *Kutastha*; c'est le chemin d'accès vers les états supérieurs de conscience. Dans la méditation profonde, on peut contempler l'œil unique ou œil spirituel sous la forme d'une étoile brillante entourée d'une sphère de lumière bleue, elle-même cerclée du halo d'une vive lumière dorée. Dans les Saintes Écritures et les textes sacrés, cet œil omniscient est désigné par différents noms: le troisième œil, l'étoile de l'Orient, l'œil intérieur, la colombe descendant du ciel, l'œil de Shiva, l'œil de l'intuition. «Si donc ton œil est unique, tout ton corps sera rempli de lumière» (Matthieu 6,22).

paramahansa. Titre spirituel se rapportant à quelqu'un ayant atteint l'état le plus élevé de la communion ininterrompue avec Dieu. Il ne peut être conféré que par un guru véritable à un disciple qualifié. Swami Sri Yukteswar décerna ce titre à Yogananda en 1935.

réalisation du Soi. C'est la prise de conscience de notre identité véritable en tant que le Soi, qui est un avec la conscience universelle de Dieu. Paramahansa Yogananda écrivit : « La réalisation du Soi est la connaissance – dans le corps, dans l'esprit et dans l'âme – que l'on est un avec l'omniprésence de Dieu ; que l'on n'a pas besoin de prier pour qu'elle vienne à nous, que l'on n'est pas simplement proche de cet état en permanence, mais que l'omniprésence de Dieu est notre omniprésence propre ; que l'on fait tout autant partie de Lui maintenant que l'on fera toujours partie de Lui. Tout ce que nous avons à faire, c'est de perfectionner notre connaissance. »

réincarnation. Un exposé sur la réincarnation se trouve au chapitre 43 de l'*Autobiographie d'un Yogi* de Paramahansa Yogananda. Il y est expliqué que par la loi du karma (*voir ce terme*), les actions passées des êtres humains produisent des effets qui les attirent à nouveau sur ce plan matériel. À travers une succession de naissances et de morts, ils s'incarnent de façon répétée sur Terre afin de vivre certaines expériences qui sont le fruit de leurs actions passées et de poursuivre un processus d'évolution spirituelle jusqu'à finalement prendre conscience de la perfection inhérente à leur âme ainsi que de son unité avec Dieu.

samadhi. Extase spirituelle ; expérience superconsciente ; au stade ultime, union avec Dieu en tant que Réalité suprême dont tout est imbu.

Satan. Voir *maya*.

Soi. Avec un S majuscule pour signifier l'*atman* ou âme, l'essence divine de l'homme, et pour la différencier du « soi » ordinaire qui est la personnalité humaine, l'ego ou le « moi ». Le Soi est l'Esprit individualisé dont la nature est, par essence, Félicité perpétuelle, toujours consciente et toujours nouvelle.

Yoga. Du sanskrit *yuj*, « union ». Yoga signifie union de l'âme individuelle avec l'Esprit ; le terme désigne également les méthodes pour atteindre ce but. Il existe plusieurs systèmes de Yoga. Celui enseigné par Paramahansa Yogananda est le *Raja Yoga*, le yoga « royal » ou « complet » qui porte essentiellement sur la pratique de méthodes scientifiques de méditation. Le sage Patanjali, le plus éminent des anciens commentateurs du Yoga, a défini huit étapes par lesquelles le *Raja Yogi* atteint le *samadhi* ou l'union avec Dieu. Ce sont : (1) *yama*, la conduite morale ; (2) *niyama*, les observances religieuses ; (3) *asana*, la posture correcte pour calmer l'agitation du corps ; (4) *pranayama*, la maîtrise du prana, des courants de vie subtils ; (5) *pratyahara*, l'intériorisation ; (6) *dharana*, la concentration ; (7) *dhyana*, la méditation ; et (8) *samadhi*, l'expérience superconsciente.

PUBLICATIONS DE LA SELF-REALIZATION FELLOWSHIP

Disponibles en librairie ou en ligne sur www.srfbooks.org et d'autres sites de vente

Traduites en français

Autobiographie d'un yogi

La quête éternelle de l'homme

Le Yoga de Jésus

Affirmations scientifiques de guérison

Comment converser avec Dieu

La loi du succès

Méditations métaphysiques

La science de la religion

Ainsi parlait Paramahansa Yogananda

À la Source de la Lumière

Dans le sanctuaire de l'âme

Journal spirituel

La paix intérieure

Pourquoi Dieu permet le mal et comment le surmonter

Vivre en vainqueur

Vivre sans peur

La Science sacrée

Rien que l'Amour

Vers la quiétude du coeur

Relation entre guru et disciple

Ouvrages de Paramahansa Yogananda en anglais

Autobiography of a Yogi

God Talks With Arjuna: The Bhagavad Gita
Une nouvelle traduction de la Bhagavad Gita
et un nouveau commentaire

The Second Coming of Christ
The Resurrection of the Christ Within You
Un commentaire des Évangiles révélant
l'authentique enseignement de Jésus

The Yoga of the Bhagavad Gita

The Yoga of Jesus

The Collected Talks and Essays:
Volume I: *Man's Eternal Quest*
Volume II: *The Divine Romance*
Volume III: *Journey to Self-realization*

*Wine of the Mystic: The Rubaiyat of Omar Khayyam –
A Spiritual Interpretation*

Songs of the Soul

Whispers from Eternity

Scientific Healing Affirmations

*In the Sanctuary of the Soul:
A Guide to Effective Prayer*

The Science of Religion

Metaphysical Meditations

*Where There Is Light:
Insight and Inspiration for Meeting Life's Challenges*

Sayings of Paramahansa Yogananda

*Inner Peace:
How to Be Calmly Active and Actively Calm*

*Living Fearlessly:
Bringing Out Your Inner Soul Strength*

The Law of Success

How You Can Talk With God

Why God Permits Evil and How to Rise Above It

To Be Victorious in Life

Cosmic Chants

Enregistrements audio de Paramahansa Yogananda

Beholding the One in All

The Great Light of God

Songs of My Heart

To Make Heaven on Earth

Removing All Sorrow and Suffering

Follow the Path of Christ, Krishna, and the Masters

Awake in the Cosmic Dream

Be a Smile Millionaire

One Life Versus Reincarnation

In the Glory of the Spirit

Self-Realization: The Inner and the Outer Path

Autres publications de la Self-Realization Fellowship

The Holy Science
de Swami Sri Yukteswar

Only Love
Living the Spiritual Life in a Changing world
de Sri Daya Mata

Finding the Joy Within You
Personal Counsel for God-Centered Living
de Sri Daya Mata

***Intuition:
Soul Guidance for Life's Decisions***
de Sri Daya Mata

God Alone
The Life and Letters of a Saint
de Sri Gyanamata

"Mejda"
The Family and the Early Life of Paramahansa Yogananda
de Sananda Lal Ghosh

Self-Realization
(revue créée par Paramahansa Yogananda en 1925)

DVD VIDEO

AWAKE: The Life of Yogananda
Un film de CounterPoint Films
sur la vie de Paramahansa Yogananda

*Le catalogue complet des livres et des enregistrements
audio et vidéo, dont de rares enregistrements d'archives de
Paramahansa Yogananda, est disponible sur
www.srfbooks.org*

LES LEÇONS DE LA SELF-REALIZATION FELLOWSHIP

L'instruction de Paramahansa Yogananda sur les techniques de méditation du Yoga et les principes d'une vie spirituelle, dotée d'un accompagnement personnel

Si vous ressentez de l'attirance pour les vérités spirituelles exposées dans *Le Yoga de Jésus*, nous vous invitons à vous inscrire aux *Leçons de la Self-Realization Fellowship*.

Paramahansa Yogananda créa cette série de *Leçons* par correspondance afin de donner à tous ceux qui sont dans une quête spirituelle sincère l'opportunité d'apprendre et de pratiquer les techniques ancestrales de méditation du yoga qu'il apporta en Occident, y compris la science du *Kriya Yoga*. Les *Leçons* comprennent également sa direction pratique permettant de parvenir à un bien-être équilibré, c'est-à-dire à la fois physique, mental et spirituel.

Les *Leçons de la Self-Realization Fellowship* sont disponibles à un prix symbolique (destiné à couvrir les frais d'impression et d'envoi). Au cours de leur pratique spirituelle, tous les élèves peuvent aussi bénéficier gracieusement d'un accompagnement personnel, assuré par les religieuses et les moines de la Self-Realization Fellowship.

Pour de plus amples renseignements…

Rendez-vous sur www.srflessons.org afin d'obtenir un dossier d'information complet et gratuit sur les *Leçons*.

SELF-REALIZATION FELLOWSHIP
3880 San Rafael Avenue • Los Angeles, CA 90065-3219, U.S.A.
TEL +1 (323) 225-2471 • FAX +1 (323) 225-5088
www.yogananda.org

Du même auteur :

AUTOBIOGRAPHIE D'UN YOGI

Cette œuvre autobiographique, unanimement acclamée, brosse le portrait fascinant d'une des plus grandes figures spirituelles de notre temps. Attachante par sa franchise et son pouvoir évocateur ainsi que par l'esprit de Paramahansa Yogananda, elle retrace l'histoire captivante de sa vie : les événements de son enfance remarquable, ses rencontres avec nombre de saints et de sages lorsque, adolescent, il parcourait l'Inde à la recherche d'un maître ayant atteint l'illumination divine, ses dix années de formation spirituelle dans l'ermitage de son maître de yoga vénéré et les trente années pendant lesquelles il vécut et enseigna aux États-Unis. Ce livre relate aussi ses rencontres avec le Mahatma Gandhi, Rabindranath Tagore, Luther Burbank, la stigmatisée catholique Thérèse Neumann et avec d'autres personnalités spirituelles célèbres d'Orient et d'Occident.

Autobiographie d'un yogi est non seulement le récit fort bien écrit d'une vie exceptionnelle, mais aussi une lumineuse introduction à l'ancienne science du Yoga et à sa pratique séculaire de la méditation. L'auteur y explique clairement les lois subtiles, mais précises, qui sous-tendent les événements ordinaires de la vie quotidienne ainsi que les évènements extraordinaires que l'on appelle communément « miracles ». L'histoire passionnante de sa vie campe ainsi le décor permettant au lecteur d'obtenir une vision profonde et inoubliable des mystères essentiels de l'existence humaine.

Considéré de nos jours comme un classique en matière de spiritualité, ce livre a été traduit en plus de cinquante-cinq langues et de nombreuses universités l'utilisent comme texte de base et ouvrage de référence. *Autobiographie d'un yogi* n'a cessé d'être un succès en librairie depuis sa parution, il y a plus de soixante-dix ans, et a su conquérir les cœurs de millions de lecteurs dans le monde entier.

«Un récit hors du commun.»
THE NEW YORK TIMES

«Une étude fascinante et clairement annotée.»
NEWSWEEK

«Rien de ce qui a jusqu'à présent été écrit en anglais ou en toute autre langue européenne ne surpasse cette présentation du yoga.»
COLUMBIA UNIVERSITY PRESS

www.ingramcontent.com/pod-product-compliance
Lightning Source LLC
Chambersburg PA
CBHW031438040426
42444CB00006B/871